Tigres siberianos

Grace Hansen

Abdo Kids Jumbo es una subdivisión de Abdo Kids
abdobooks.com

abdobooks.com

Published by Abdo Kids, a division of ABDO, P.O. Box 398166, Minneapolis, Minnesota 55439.

Abdo Kids Jumbo™ is a trademark and logo of Abdo Kids.

102018

012019

Spanish Translator: Maria Puchol

Photo Credits: iStock, Minden Pictures, Shutterstock

Production Contributors: Teddy Borth, Jennie Forsberg, Grace Hansen

Design Contributors: Dorothy Toth, Laura Mitchell

Library of Congress Control Number: 2018953949

Publisher's Cataloging-in-Publication Data

Names: Hansen, Grace, author.

Title: Tigres siberianos / by Grace Hansen.

Other title: Siberian tigers

Description: Minneapolis, Minnesota : Abdo Kids, 2019 | Series: Especies extraordinarias | Includes online resources and index.

Identifiers: ISBN 9781532184116 (lib. bdg.) | ISBN 9781532185199 (ebook)

Subjects: LCSH: Siberian tiger--Juvenile literature. | Body size--Juvenile literature. | Animals--Size--Juvenile literature. | Animal Behavior--Juvenile literature. | Spanish language materials--Juvenile literature.

Classification: DDC 599.756--dc23

Contenido

Felinos colosales

¡Los tigres siberianos son los felinos más grandes del mundo!

Viven principalmente en bosques en determinadas partes de Rusia.

Los tigres siberianos macho son mucho más grandes que las hembras.

Los machos pueden llegar a medir 12 pies (3.7 m) de largo. ¡Lo mismo que dos leones macho juntos!

Los machos pueden llegar a

pesar 700 libras (317.5 kg).

¡Más que 10 leopardos juntos!

tigre siberiano

leopardos

Los tigres siberianos están cubiertos con un grueso y cálido **pelaje**. ¡Éste puede llegar a medir 4 pulgadas (10.2 cm) de largo!

De caza

Los hambrientos tigres siberianos cazan por la noche. ¡Pueden comer hasta 60 libras (27.2 kg) en una noche!

Cachorros siberianos

Las hembras tienen de 2 a 6 **cachorros**. Dan a luz una vez cada dos años.

Los **cachorros** de tigre siberiano pesan alrededor de 3.5 libras (1.6 kg) al nacer. ¡Pero crecen rápido! A los 18 meses ya pueden ayudar a sus madres a cazar.

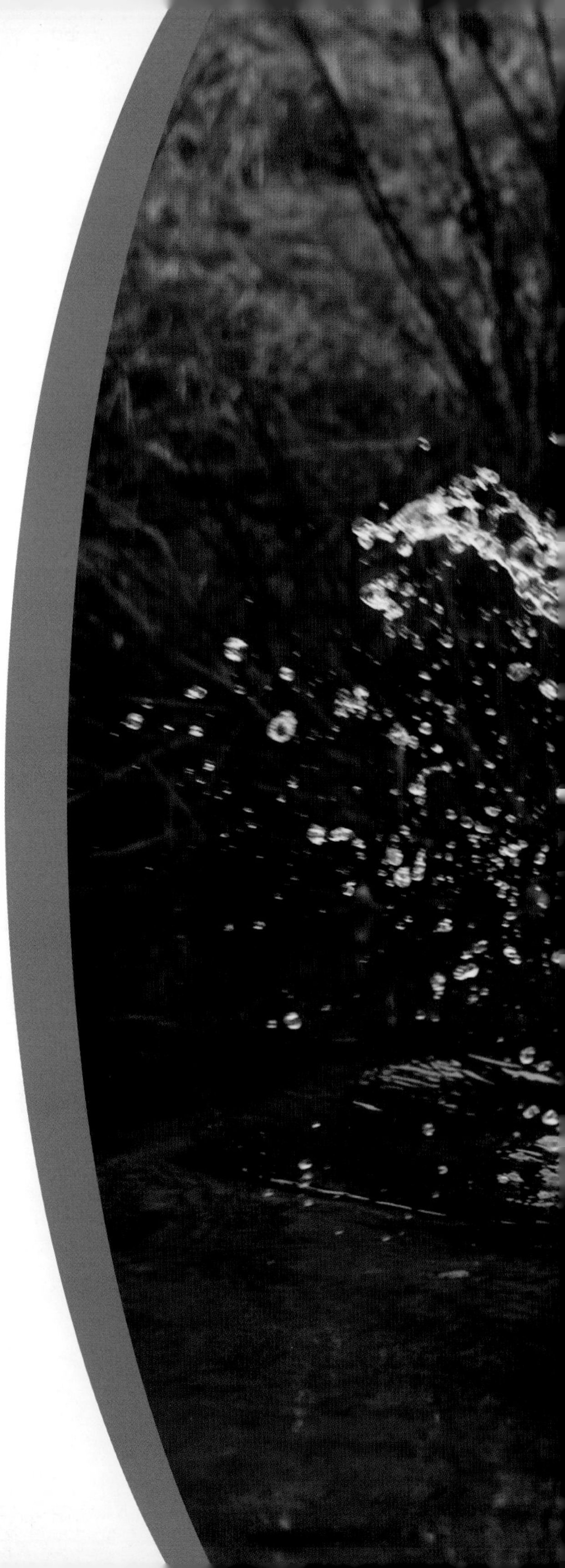

Más datos

- ¡La cola de un tigre siberiano puede llegar a medir 3 pies (91.4 cm) de largo!

- Los tigres siberianos son cada vez más pequeños. Esto se debe a la falta de comida y espacio.

- ¡Un tigre siberiano criado en **cautiverio** llegó a pesar 1,025 libras (464.9 kg)!

Glosario

cachorro – cría de tigre.

cautiverio – situación en la que un animal vive en un espacio limitado y es cuidado por humanos.

pelaje – pelo suave y denso que cubre el cuerpo de ciertos animales.

Índice

¡Visita nuestra página **abdokids.com** y usa este código para tener acceso a juegos, manualidades, videos y mucho más!